# Cuisine pour débutants

Élisa Vergne

**Photos :** ALEXANDRA DUCAS
**Stylisme :** GARLONE BARDEL

**HACHETTE**
*Pratique*

# Sommaire

| | |
|---|---|
| 4 | **Introduction** |
| 6 | **Entrées** |
| 6 | Concombre à la crème |
| 8 | Salade exotique |
| 10 | Soupe de tomate |
| 12 | Taboulé |
| 14 | Tarte aux oignons |
| 16 | Quiche lorraine |
| 18 | **Poissons** |
| 18 | Cabillaud en papillotes |
| 20 | Pavés de poisson grillés |
| 22 | Poisson au curry |
| 24 | Poisson sauce homardine |
| 26 | **Viandes** |
| 26 | Côtes de porc à l'orientale |
| 28 | Gigot au four |
| 30 | Lapin à la moutarde |
| 32 | Poulet au curry |
| 34 | Fricassée de poulet à la basquaise |

| | |
|---|---|
| 36 | Rôti de bœuf |
| 38 | Tajine d'agneau aux abricots |
| 40 | Veau aux olives |
| **42** | **Légumes** |
| 42 | Champignons sautés |
| 44 | Endives au jambon |
| 46 | Gratin de pommes de terre |
| 48 | Ratatouille |
| 44 | Tomates à la provençale |
| **52** | **Desserts** |
| 52 | Clafoutis aux cerises |
| 54 | Crêpes |
| 56 | Mousse au chocolat |
| 58 | Salade de fruits rouges |
| 60 | Tarte aux poires |
| 62 | Tiramisù |

# Introduction

*La cuisine, il faut s'y mettre un jour ou l'autre, n'est ce pas ?*
*Si vous commencez à vous lasser de faire réchauffer conserves ou plats tout prêts, vous trouverez dans cet ouvrage de nombreuses recettes simples et savoureuses.*

### •• Les réserves de base
La composition d'un « placard » vous permet de gagner du temps en ayant toujours sous la main les ingrédients de base.

### •• Condiments
Oignons jaunes et oignons surgelés émincés, semoule d'ail (ou tresse d'ail), aneth, basilic, estragon, ciboulette, persil, échalotes (tous ces produits existent surgelés), thym, laurier.

### •• Épices
Cannelle en poudre, clous de girofle, curry (doux, moyen ou fort), noix muscade, paprika, piment, poudre de piment (peut être remplacée par du Tabasco ou du piment d'Espelette), poivre, quatre-épices (composé de poivre, de girofle, de noix muscade et de cannelle), safran.

### •• Épicerie
Farine, riz, huile (olive, arachide, colza), vinaigre, moutarde, mayonnaise, crème fraîche, sel, tomates en boîte, coulis et concentré de tomates, beurre, œufs, sucre, miel, cacao, raisins secs, amandes effilées, fruits secs, cognac, vin blanc...

### •• Le B.A.BA des aromates et des épices
Sans aromates et sans épices, de nombreux plats manqueraient de saveur.

### •• Les fines herbes : enveloppez-les dans du papier absorbant et gardez-les quelques jours au frais.

### •• Le bouquet garni : il est composé de thym, de laurier, de persil et éventuellement d'une branche de céleri, liés avec un fil de cuisine et retirés à la fin de la cuisson.

### •• Les épices
Elles se conservent dans des flacons fermés, à l'abri de la lumière.
➥ Préférez la noix muscade entière et râpez-la au fur et mesure car son parfum s'altère rapidement.
➥ Le poivre en grains et les clous de girofle entiers se conservent indéfiniment.
➥ Le safran, épice la plus chère au monde, se vend en petites doses. Faites tremper les pistils dans une cuillère d'eau bouillante avant de les incorporer à la préparation. Le curcuma colore les plats, mais n'a pas le parfum subtil du safran.
➥ Le paprika est une poudre rouge obtenue par broyage de poivrons et de piments rouges.

### •• Le matériel

### •• Les récipients de cuisson
Ils doivent être adaptés à la source de chaleur utilisée (gaz, électricité, vitrocéramique). Les récipients à fonds épais permettent une cuisson plus homogène que les récipients légers.

### •• Les indispensables
Les couteaux (de différentes tailles), les cuillères et spatules en bois, la passoire, l'écumoire, les spatules larges perforées, le fouet électrique, les gants de cuisine.

## Les petits ustensiles bien pratiques
La râpe à légumes métallique, le couteau économe, le presse-citron, le mixeur.

## La cuisson
Le temps de cuisson des recettes est donné à titre indicatif et varie en fonction de la qualité du produit, de sa teneur en eau, de sa forme et de son volume. Il est donc essentiel de surveiller la cuisson.

**Les légumes entiers :** piquez-les avec la pointe d'un couteau, qui doit s'enfoncer sans résistance.

**Les petits légumes :** goûtez-les.

**Les poissons entiers :** piquez-les à la base de la tête avec la pointe d'un couteau, qui doit s'enfoncer sans résistance.

**Les poissons en tranche :** détachez légèrement la chair près de l'arête, elle doit être opaque.

**Les volailles entières :** piquez avec une fourchette à la jointure de la cuisse et du corps. Le jus qui s'échappe doit être incolore.

**Les rôtis :** utilisez un thermomètre à viande pour juger la cuisson.

**Les gâteaux :** l'odeur et la couleur sont les signes avant-coureurs.

## Quel corps gras utiliser pour la cuisson ?

➥ Le beurre ne supporte pas une température très élevée : il noircit et devient impropre à la cuisson. Faites d'abord chauffer une cuillerée d'huile, ajoutez le beurre et attendez qu'il mousse avant de verser les aliments.
➥ La margarine supporte mieux la chaleur que le beurre.
➥ L'huile doit impérativement comporter sur son emballage la mention « pour fritures et assaisonnements ».

## Le four
Vous devez préchauffer votre four avant de faire cuire vos plats. Comptez environ 10 min pour un four à gaz, et 15 min pour un four électrique. Il arrive que le thermostat de certains appareils ne mentionne pas les degrés mais des graduations. Dans chaque recette, le thermostat et les degrés sont donc précisés.

---

## Signification des symboles

★ très facile          € bon marché

★★ facile             € € raisonnable

★★★ difficile        € € € cher

Introduction | 5

# Concombre à la crème

pour **4 personnes** – préparation : **10 minutes** – macération : **1 heure**
difficulté : ★ – coût : €

- 1 petit concombre
- 1 cuil. à soupe de mayonnaise
- 1 cuil. à soupe de crème légère
- 1 cuil. à soupe d'aneth haché surgelé
- 3 pincées de semoule d'ail
- 1 cuil. à café de sucre
- Sel fin, poivre

**1** Mélangez le sucre avec 2 cuillerées à café de sel fin et la semoule d'ail. Ajoutez 4 ou 5 tours de moulin à poivre.

**2** Pelez le concombre avec un couteau économe ou un rasoir à légumes. Passez-le sur une râpe à chips pour obtenir de très fines rondelles. Mettez-les dans une passoire. Poudrez-les avec le mélange préparé, remuez et laissez au-dessus d'un récipient pendant 1 h.

**3** Quelques minutes avant de servir, mélangez la mayonnaise avec la crème dans un saladier. Ajoutez le concombre et l'aneth et mélangez.

**Variante**
Pour varier les plaisirs et le goût, vous pouvez remplacer l'aneth par de l'estragon ou de la ciboulette.

# Salade exotique

pour **4 personnes** – préparation : **20 minutes** – cuisson : **10 minutes**
difficulté : ★ ★ – coût : € €

- 1 boîte de cœurs de palmier de 400 g
- 1 boîte d'ananas en morceaux de 226 g
- 100 g de boulgour
- 1 cuil. à soupe de raisins secs blonds
- 1 cuil. à soupe d'amandes effilées
- 1 feuille de laurier
- 1 gousse d'ail
- 2 cuil. à soupe de vinaigre de vin
- 3 cuil. à soupe d'huile d'olive
- 2 pincées de curry en poudre
- Gros sel, sel fin, poivre

**1** Pelez l'ail et coupez-le en deux. Mettez-le dans une casserole avec 50 cl d'eau et le laurier. Ajoutez 1 cuillerée à café de gros sel. Portez à ébullition. Versez le boulgour dans l'eau bouillante, remuez avec une cuillère, laissez repartir l'ébullition et laissez cuire pendant 10 min à petits bouillonnements.

**2** Pendant ce temps, égouttez l'ananas et recueillez le jus.

**3** Versez les cœurs de palmier dans une passoire, passez-les sous l'eau tiède, puis sous l'eau froide. Posez-les sur une planche à découper et coupez-les en rondelles d'environ 2 cm d'épaisseur. Mettez les raisins dans un bol d'eau tiède.

**4** Après 10 min de cuisson, égouttez le boulgour dans une passoire, retirez l'ail et la feuille de laurier. Laissez refroidir.

**5** Mettez dans un bol le vinaigre, le curry, un peu de poivre et 1 pincée de sel fin. Mélangez. Ajoutez le jus de l'ananas et l'huile. Fouettez avec une fourchette.

**6** Égouttez les raisins. Versez le boulgour dans un saladier, ajoutez les raisins, les morceaux d'ananas, les cœurs de palmier, les amandes et la sauce. Mélangez délicatement.

**Conseil**

La sauce doit être relevée : vous pouvez remplacer le poivre par 1 pincée de piment en poudre ou quelques gouttes de piment liquide (sauce Tabasco).

# Soupe de tomate

pour **4 personnes** – préparation : **15 minutes** – cuisson : **40 minutes**

difficulté : ★★ – coût : €

- 2 blancs de poireaux
- 1 oignon moyen
- 1 gousse d'ail
- 20 g de beurre
- 1 boîte de tomates de 425 ml
- 2 tablettes de bouillon de volaille instantané
- 1 poignée de riz
- 1 cuil. à soupe de basilic haché
- 1 cuil. à soupe d'huile d'olive
- Sel, poivre

**1** Ôtez les racines des poireaux, coupez-les en deux de haut en bas, recoupez-les en tronçons de 2 cm, lavez-les soigneusement. Épluchez l'oignon et coupez-le en lamelles. Pelez l'ail et passez-le au presse-ail.

**2** Faites chauffer l'huile dans une casserole à fond épais. Faites-y blondir les poireaux et l'oignon 5 min, en remuant, sur feu moyen.

**3** Ajoutez dans la casserole les tomates et leur jus, l'ail et 1 litre d'eau. Mélangez et portez à ébullition. Ajoutez alors les tablettes de bouillon et le riz. Laissez reprendre l'ébullition, couvrez et faites cuire 30 min à petits bouillons.

**4** Mixez la soupe avec un mixeur plongeant ou passez-la au moulin à légumes, grille moyenne. Goûtez et rectifiez l'assaisonnement : n'assaisonnez pas avant car les tomates et le bouillon sont salés.

**5** Versez la soupe dans une soupière chaude, ajoutez le beurre, mélangez, parsemez de basilic et servez.

# Taboulé

pour **6 personnes** – préparation : **20 minutes** – réfrigération : **2 heures**
difficulté : ★ ★ – coût : € €

- 4 grosses tomates bien mûres
- 1 concombre
- 4 petits oignons nouveaux
- 3 citrons
- 300 g de semoule de couscous moyenne
- 1 bouquet de persil plat
- 1 bouquet de menthe
- 4 cuil. à soupe d'huile d'olive
- Sel, poivre

**1** Pelez le concombre et coupez-le en morceaux. Pressez les citrons. Épluchez les oignons et coupez-les en lamelles. Rincez la menthe et le persil et effeuillez-les.

**2** Pelez les tomates, coupez-les en dés au-dessus d'un bol pour récupérer leur jus.

**3** Mettez le jus des tomates, le concombre, les oignons, la menthe et le persil dans le bol du robot et faites fonctionner l'appareil pendant 2 min.

**4** Versez le jus obtenu dans un saladier, salez et poivrez largement, incorporez l'huile et ajoutez la semoule. Mélangez soigneusement avec une fourchette. Ajoutez les dés de tomate, mélangez encore. Couvrez de film alimentaire et laissez macérer au moins 2 h au réfrigérateur. Servez très frais.

**Conseil**
Pour peler facilement les tomates, plongez-les 10 secondes (pas plus) dans de l'eau bouillante, égouttez-les, passez-les sous l'eau froide et retirez la peau.

# Tarte aux oignons

pour **6 personnes** – préparation : **25 minutes** – cuisson : **40 minutes**

difficulté : ★ ★ – coût : € €

• 1 pâte brisée toute prête, étalée
• 100 g de jambon de Paris
• 700 g d'oignons
• 3 œufs
• 10 cl de crème fraîche
• 20 g de beurre
• Noix muscade râpée
• 2 pincées de sucre
• Sel, poivre

**Pour le moule :**
• 10 g de beurre

**1** Pelez les oignons et coupez-les en lamelles fines. Faites fondre le beurre dans une sauteuse, ajoutez les oignons et faites-les cuire à feu doux jusqu'à ce qu'ils deviennent transparents, pendant environ 10 min, en mélangeant souvent avec une spatule en bois. Salez et ajoutez le sucre, mélangez. Laissez tiédir.

**2** Faites chauffer le four à 200 °C (th. 7). Beurrez un moule à tarte de 26 cm de diamètre. Garnissez le moule avec la pâte.

**3** Coupez le jambon en petits dés. Cassez les œufs dans un récipient, battez-les avec une fourchette, ajoutez la crème, du sel, du poivre, 2 pincées de noix muscade et les oignons. Mélangez bien. Ajoutez le jambon.

**4** Versez la préparation sur la pâte et égalisez la surface. Faites cuire 30 min au four, jusqu'à ce que la crème soit prise.

**Conseils**

Si vous craignez de ne pas pouvoir démouler la tarte, utilisez soit un moule à fond amovible, soit un moule en porcelaine à feu pouvant aller à table.

À défaut de moule à tarte rond, utilisez un moule carré ou rectangulaire, mais le démoulage sera plus délicat.

# Quiche lorraine

pour **4 à 6 personnes** – préparation : **10 minutes** – cuisson : **35 minutes**
difficulté : ★★ – coût : €

- 230 g de pâte brisée étalée toute prête
- 200 g de lardons
- 3 œufs
- 25 cl de crème fraîche
- Noix muscade
- Sel, poivre

**Pour le moule :**
- 20 g de beurre mou

**1** Faites chauffer le four à 200 °C (th. 7). Faites chauffer une petite poêle. Faites-y blondir les lardons 3 min à feu moyen, puis posez-les sur du papier absorbant.

**2** Beurrez un moule à tarte à bord un peu haut (environ 3 cm) de 22 à 24 cm de diamètre avec le beurre mou. Posez la pâte brisée dans le moule et piquez le fond à la fourchette.

**3** Répartissez les lardons le plus régulièrement possible sur le fond de pâte.

**4** Cassez les œufs dans un récipient. Crevez les jaunes et battez les œufs avec une fourchette pendant 20 secondes. Ajoutez la crème, 2 pincées de noix muscade, 2 bonnes pincées de sel, 4 tours de moulin à poivre. Mélangez encore.

**5** Versez doucement le mélange sur la pâte, sans trop déplacer les lardons. Faites cuire 30 min sur la grille du four. La pâte doit être dorée et la crème prise. Laissez reposer 5 min avant de servir.

**Conseil**
Si vous utilisez un moule à bord non cannelé, vous le beurrerez plus facilement et vous pourrez ainsi démouler aisément la quiche.

16 | Entrées

# Cabillaud en papillotes

pour **4 personnes** – préparation : **15 minutes** – cuisson : **15 minutes**
difficulté : ★ ★ – coût : €  €

- 4 tranches de cabillaud d'environ 150 g chacune
- 1 cuil. à soupe de jus de citron
- 2 cuil. à soupe de crème fraîche
- 20 g de beurre
- 1 cuil. à café d'estragon haché surgelé
- 2 pincées de curry
- Sel, poivre

**1** Faites chauffer le four à 180 °C (th. 6). Préparez 4 grands carrés d'aluminium ménager d'environ 40 cm chacun et posez-les sur le plan de travail. Beurrez-les avec la moitié du beurre. Répartissez l'estragon haché au centre des carrés d'aluminium.

**2** Rincez le poisson à l'eau froide et épongez-le dans du papier absorbant. Salez et poivrez les 2 faces de chaque tranche. Posez 1 tranche de poisson sur chaque carré. Répartissez dessus le reste du beurre en tout petits morceaux. Arrosez avec le jus de citron.

**3** Fermez les papillotes : rabattez les 2 côtés les plus larges l'un sur l'autre et pliez-les ensemble au milieu, sans serrer le poisson. Repliez ensuite séparément chaque extrémité en les pliant vers le poisson.

**4** Déposez les papillotes dans un grand plat et faites cuire 15 min au four.

**5** Faites chauffer la crème dans une petite casserole. Ajoutez le curry, salez, mélangez et retirez du feu.

**6** Lorsque le poisson est cuit, entrouvrez les papillotes avec précaution et versez le jus dans la casserole contenant la crème. Mélangez soigneusement. Déposez les tranches de poisson sur un plat de service.

**7** Versez la sauce dans une saucière chaude ou nappez-en le poisson après en avoir retiré la peau.

**Variante**

Vous pouvez faire la même préparation avec des filets de 150 g ou des dos de cabillaud, sans peau.

# Pavés de poisson grillés

pour **4 personnes** – préparation : **15 minutes** – cuisson : **10-14 minutes**

difficulté : ★ – coût : 💶 💶

• 4 pavés de saumon, de cabillaud ou de bar
(filets épais pris dans le dos du poisson)
d'environ 150 g chacun, avec la peau non écaillée
• Sel, poivre

**Pour la sauce :**
• 2 yaourts nature
• 3 cuil. à soupe de parmesan râpé
• 3 cuil. à soupe de mayonnaise
• 1 cuil. à soupe d'aneth ou de basilic hachés
surgelés

**1** Rincez le poisson et épongez-le avec du papier absorbant. Salez le côté chair.

**2** Faites chauffer une poêle à revêtement antiadhésif à feu vif.

**3** Déposez lespavés de poisson dans la poêle chaude, côté peau contre le fond. Laissez cuire 3 min à feu vif, puis réduisez le feu et laissez cuire à feu moyen de 5 à 7 min selon l'épaisseur des morceaux. Surveillez la couleur du poisson : au fur et à mesure de la cuisson, il devient opaque. Couvrez alors la poêle et laissez cuire encore pendant 2 min pour que le dessus s'opacifie également.

**4** Pendant la cuisson, préparez la sauce : mélangez dans un petit récipient les yaourts, la mayonnaise, l'aneth ou le basilic et le parmesan.

**5** Retirez le poisson de la poêle. Ôtez la peau, devenue noire, qui va se détacher sans effort si vous glissez une spatule ou la lame d'un couteau entre la peau et la chair. Déposez les pavés de poisson sur un plat de service, poivrez légèrement et servez avec la sauce à part.

**Conseil**

Il est indispensable, pour que le poisson ne soit pas sec, qu'il ait gardé sa peau et n'ait pas été écaillé.

# Poisson au curry

pour **4 personnes** − préparation : **10 minutes** − cuisson : **30 minutes**
difficulté : ★ ★ − coût : € €

- 800 g de filets de poisson blanc à chair ferme (julienne, rascasse, dorade, empereur), sans peau
- 1 gros oignon
- 2 gousses d'ail
- 1 cuil. à soupe de curry
- 30 cl de lait de coco non sucré
- 10 cl de coulis de tomate
- 2 pincées de sucre
- 1 cuil. à soupe d'huile d'olive
- Sel, poivre

**1** Pelez l'ail et l'oignon. Passez l'ail au presse-ail. Passez l'oignon au robot pour le réduire en purée.

**2** Faites chauffer l'huile dans une sauteuse à revêtement antiadhésif. Ajoutez l'oignon et l'ail et laissez blondir à feu moyen en remuant avec une cuillère en bois. Ajoutez le curry et mélangez quelques secondes. Versez le lait de coco et le coulis de tomate. Mélangez. Salez, poivrez, sucrez. Couvrez et portez doucement à ébullition. Laissez frémir pendant 20 min.

**3** Rincez le poisson, épongez-le et coupez-le en morceaux. Salez-le légèrement des deux côtés. Déposez les morceaux dans la sauce, couvrez et laissez cuire sans bouillir pendant 7 min.

**Conseil**

Si vous utilisez de la lotte, faites-la revenir 5 min à feu vif dans une poêle, puis laissez-la dans une passoire pendant la cuisson de la sauce pour qu'elle rende la plus grande partie de son eau. Sans cette précaution, cette eau affadirait la sauce.

# Poisson sauce homardine

pour **6 personnes** – préparation : **10 minutes** – cuisson : **15 minutes**
difficulté : ★ ★ – coût : 🟢 🟢

• 800 g de filets de poisson blanc (cabillaud, julienne, rascasse, empereur), sans peau
• 10 cl de crème fraîche
• 300 g de bisque de homard en boîte
• 1 cuil. à soupe de cognac (facultatif)
• 1 cuil. à café d'estragon haché surgelé
• Sel

**1** Rincez le poisson, épongez-le dans du papier absorbant et coupez-le en 4 morceaux de taille égale. Salez-le légèrement des deux côtés.

**2** Versez la bisque de homard dans une sauteuse, ajoutez la crème, le cognac et l'estragon. Faites chauffer à feu doux, en remuant avec une cuillère en bois.

**3** Lorsque le mélange frémit, mais ne bout pas, déposez le poisson dans la sauteuse. Couvrez et laissez cuire 7 min, sans laisser bouillir.

**4** Prenez délicatement le poisson avec une spatule large perforée et déposez-le dans un plat sans attendre. Versez ensuite la sauce dessus et servez.

**Conseil**
Vous pouvez utiliser de l'estragon séché : employez alors 1/2 cuillerée à café et émiettez-le entre vos doigts.

24 | Poissons

# Côtes de porc à l'orientale

pour **4 personnes** – macération : **3 heures** – préparation : **15 minutes** – cuisson : **20 minutes**

difficulté : ★ ★ – coût : 💶 💶

- 4 côtes de porc dans l'échine d'environ 1 cm d'épaisseur
- 1 gros oignon
- 2 gousses d'ail
- 2 citrons
- 1 cuil. à café de ciboulette hachée
- 4 cuil. à soupe de sauce soja
- 2 cuil. à soupe de miel
- 2 cuil. à soupe de madère ou de porto (facultatif)
- 2 cuil. à soupe d'huile d'olive
- 2 pincées de piment

**1** Pelez l'oignon et râpez-le au-dessus d'une grande assiette. Pelez l'ail et passez les gousses au presse-ail au-dessus de l'assiette. Brossez les citrons sous l'eau tiède, essuyez-les, puis passez-les sur la râpe fine, au-dessus du plat, sans entamer la peau blanche du citron. Ajoutez le miel, la sauce soja, l'huile d'olive et le piment. Mélangez l'ensemble vigoureusement.

**2** Posez les côtes de porc dans l'assiette et tournez-les dans le mélange à plusieurs reprises pour bien les enrober et les imprégner. Couvrez de film alimentaire et laissez macérer 3 h au frais.

**3** Faites chauffer une poêle à revêtement antiadhésif. Retirez les côtes de la marinade et faites-les cuire dans la poêle 2 min de chaque côté à feu moyen. Réduisez le feu et laissez cuire 5 min de chaque côté.

**4** Vérifiez la cuisson en entaillant la viande avec un couteau : la chair doit être blanche et le jus incolore. Posez les côtes sur un plat de service chaud. Versez dans la poêle la marinade restée dans l'assiette, ajoutez le madère et faites chauffer 1 min en grattant le fond de la poêle avec une spatule en bois. Versez sur la viande, parsemez de ciboulette et servez sans attendre.

# Gigot au four

pour **6 personnes** – préparation : **5 minutes** – cuisson : **40 minutes**
difficulté : ★ – coût : € € €

• 1 gigot d'agneau de 2 kg
• 6 gousses d'ail
• Sel

**1** Faites chauffer le four à 220 °C (th. 8). Pelez 1 gousse d'ail et introduisez-la entre la chair et l'os, au niveau du manche du gigot d'agneau.

**2** Posez la viande dans un plat, côté gras au-dessus. Déposez les gousses d'ail non pelées autour de la viande. Mettez au four et laissez cuire 10 min par livre (500 g) de viande, soit 40 min en tout.

**3** Lorsque la cuisson est terminée, éteignez le four, ouvrez la porte, salez la viande et laissez-la reposer pendant au moins 10 min avant de servir. Ceci pour que les fibres se détendent, que le sang se répartisse uniformément et que la chaleur pénètre jusqu'au cœur.

**4** Pressez les gousses d'ail pour faire sortir la pulpe. Mélangez-la au jus du gigot tout en grattant le fond du plat avec une spatule en bois. Versez ce jus dans une saucière chaude et ajoutez-y le jus recueilli pendant le découpage de la viande.

# Lapin à la moutarde

pour **4 ou 5 personnes** − préparation : **15 minutes** − cuisson : **1 heure 10**

difficulté : ★ ★ − coût : 🌐 🌐

- 1 lapin de 1,250 kg, coupé en morceaux
- 1 cuil. à soupe d'échalotes hachées surgelées
- 20 cl de crème fraîche épaisse
- 10 g de beurre
- 25 cl de cidre brut
- 3 cuil. à soupe de moutarde forte de Dijon
- 1 cuil. à soupe de ciboulette hachée surgelée
- 1 cuil. à soupe d'huile
- Sel, poivre

**1** Faites chauffer l'huile dans une cocotte. Ajoutez le beurre. Dès qu'il est fondu, faites-y dorer les morceaux de lapin (sauf le foie) à feu vif, 5 min de chaque côté. Salez et poivrez.

**2** Ajoutez les échalotes, la moitié de la crème et le cidre. Portez doucement à ébullition, couvrez, réduisez le feu et laissez frémir 40 min.

**3** Mélangez la moutarde et le reste de la crème. Versez dans la cocotte après 40 min de cuisson, mélangez doucement, posez le foie sur le lapin, remettez le couvercle et laissez cuire encore 15 min.

**4** Parsemez le lapin de ciboulette. Servez chaud dans la cocotte.

**Conseil**

Le mélange d'huile et de beurre empêche le beurre de noircir lorsqu'il est chauffé à feu vif.

30 | Viandes

# Poulet au curry

pour **4 ou 5 personnes** – préparation : **15 minutes** – cuisson : **1 heure 10**
difficulté : ★★ – coût : 🥘

- 1 poulet de 1,4 kg coupé en 8 morceaux
- 3 oignons
- 3 gousses d'ail
- 10 cl de crème fraîche
- 2 cuil. à soupe de curry
- 20 cl de coulis de tomate
- 50 g de noix de coco râpée en sachet (facultatif)
- 1 cuil. à soupe d'huile
- Sel

**1** Pelez les oignons et coupez-les en lamelles fines. Épluchez les gousses d'ail et passez-les au presse-ail.

**2** Faites chauffer l'huile dans une grande sauteuse à revêtement antiadhésif. Faites-y blondir le poulet et les oignons 5 min à feu moyen, en remuant avec une cuillère en bois.

**3** Ajoutez le curry, l'ail et la noix de coco. Mélangez 1 min. Salez.

**4** Ajoutez 3 cuillerées à soupe d'eau et grattez le fond du récipient avec la cuillère en bois pendant 10 secondes. Versez le coulis de tomate. Mélangez. Couvrez. Réduisez le feu et laissez frémir 45 min.

**5** Après 45 min, ajoutez la crème, mélangez, couvrez et laissez cuire encore 15 min.

**Conseil**
Si vous souhaitez une sauce lisse, vous pouvez, à la fin de la cuisson, mixer la sauce ou remplacer la noix de coco râpée par 20 cl de lait de coco en flacon. Dans ce cas, supprimez la crème fraîche.

# Fricassée de poulet à la basquaise

pour **4 personnes** – préparation : **20 minutes** – cuisson : **55 minutes**

difficulté : ★★ – coût : € €

- 4 beaux morceaux de poulet
- 2 tranches de jambon de Bayonne
- 2 poivrons rouges ou verts
- 1 boîte de tomates pelées de 425 ml
- 2 cuil. à soupe d'oignon émincé surgelé
- 1 cuil. à café d'ail haché surgelé
- 12 olives noires ou vertes, dénoyautées
- 10 cl de vin blanc sec
- 1 tablette de bouillon de volaille instantané
- 1 cuil. à soupe d'huile
- 2 pincées de sucre

- 1 pincée de piment
- Sel, poivre

**1** Coupez le jambon en petits dés. Versez les tomates dans un récipient et coupez-les grossièrement. Lavez les poivrons, retirez le pédoncule, ouvrez-les en deux, retirez les graines et les filaments blancs, coupez-les en lanières, puis en tronçons de 2 cm.

**2** Faites chauffer l'huile à feu vif dans une sauteuse à revêtement antiadhésif. Déposez-y les morceaux de poulet côte à côte et faites-les dorer pendant 5 min de chaque côté. Retirez-les et posez-les sur une assiette.

**3** Mettez les oignons, les poivrons et le jambon dans la sauteuse et faites-les revenir 3 min en remuant.

**4** Remettez le poulet dans la sauteuse. Salez et poivrez. Ajoutez les tomates et leur jus, l'ail, le sucre, le piment, la tablette de bouillon et le vin blanc. Couvrez et laissez cuire à feu doux de 35 à 40 min, jusqu'à ce que le poulet soit tendre.

**5** Ajoutez les olives 15 min avant la fin de la cuisson. Goûtez et rectifiez l'assaisonnement si nécessaire.

# Rôti de bœuf

pour **6 personnes** – préparation : **5 minutes** – cuisson : **24 minutes minimum**

difficulté : ★ – coût : € €

• 1 rôti de bœuf de 1 kg, bardé ou non
• Huile
• Sel, poivre

**1** Faites chauffer le four à 220 °C (th. 8). Posez la viande dans un plat juste adapté à sa taille. Si la viande n'est pas bardée, huilez-la de tous côtés avec un pinceau.

**2** Mettez le plat dans le four chaud et laissez cuire de 12 à 15 min par livre (500 g) de viande pour une viande saignante, de 13 à 15 min pour une viande à point et de 17 à 20 min pour une viande bien cuite, selon l'épaisseur du rôti. Retournez la viande à mi-cuisson. Salez et poivrez 5 min avant la fin de la cuisson.

**3** Éteignez le four, ouvrez la porte et laissez reposer le rôti pendant au moins 10 min.

**4** Posez le rôti sur un plat ou sur une planche à découper. Mettez 2 ou 3 cuillerées à soupe d'eau chaude dans le plat de cuisson. Grattez le fond avec une spatule en bois pour dissoudre les sucs de cuisson. Versez ce jus dans une saucière chaude.

# Tajine d'agneau aux abricots

pour **6 personnes** – préparation : **10 minutes** – cuisson : **2 heures 15**
difficulté : ★ ★ – coût : € €

• 1,250 kg d'épaule d'agneau sans os, coupée en gros dés
• 2 oignons
• 5 branches de persil
• 250 g d'abricots secs
• 2 cuil. à soupe d'amandes effilées
• 2 cuil. à soupe de miel liquide
• 1 cuil. à soupe de ras-el-hanout ou d'épices pour couscous

• 1 cuil. à café de cannelle
• 2 cuil. à soupe d'huile d'olive
• Sel, poivre

**1** Pelez les oignons et coupez-les en lamelles. Rincez le persil.

**2** Mettez la viande et les oignons dans une cocotte en fonte. Arrosez avec 2 cuillerées à soupe d'huile d'olive. Poudrez avec le ras-el-hanout. Ajoutez le persil. Salez et donnez 10 tours de moulin à poivre. Arrosez avec 30 cl d'eau. Mélangez. Couvrez. Portez doucement à ébullition, réduisez le feu et laissez cuire à feu doux 1 h 30.

**3** Ajoutez alors le miel, la cannelle et les abricots. Mélangez doucement. Si la sauce est très abondante, ne fermez pas totalement la cocotte pour qu'elle épaississe. Laissez cuire encore 30 min à feu doux.

**4** Versez le contenu de la cocotte dans un plat de service chaud. Jetez le persil. Ajoutez les amandes et servez bien chaud.

# Veau aux olives

pour **6 personnes** – préparation : **25 minutes** – cuisson : **1 heure 50**
difficulté : ★ ★ – coût : 🪙 🪙

- 1,250 kg de veau à braiser : tendron, flanchet et épaule mélangés, coupés en cubes de 5 cm
- 2 oignons
- 1 carotte
- 1 cuil. à soupe de jus de citron
- 3 branches de persil plat
- 2 gousses d'ail
- 1 bouquet garni
- 40 cl de coulis de tomate
- 18 olives noires
- 25 cl de vin blanc sec
- 1 tablette de bouillon de volaille instantané
- 1 bâton de cannelle de 5 cm
- Noix muscade
- 1 morceau de sucre
- 2 cuil. à soupe d'huile
- 1 cuil. à soupe de farine
- Sel, poivre

**1** Pelez les oignons, coupez-les en lamelles fines. Grattez la carotte, coupez-la en morceaux et passez-la au robot pour la hacher. Pelez l'ail et passez-le au presse-ail. Rincez le persil.

**2** Faites chauffer l'huile dans une cocotte. Posez-y les morceaux de veau et laissez-les blondir des 2 côtés à feu vif. Retirez-les avec une écumoire et posez-les sur une assiette.

**3** Versez les oignons et la carotte dans la cocotte et laissez-les blondir pendant 5 min en remuant avec une cuillère en bois.

**4** Remettez ensuite la viande dans la cocotte. Poudrez de farine et mélangez avec la cuillère en bois. Ajoutez l'ail, le bouquet garni, 1 branche de persil, le coulis de tomate, le vin blanc, le sucre, la cannelle et 1 bonne pincée de noix muscade.

**5** Complétez avec de l'eau pour arriver juste à hauteur de la viande. Salez et poivrez. Portez doucement à ébullition, émiettez la tablette de bouillon dans la cocotte, couvrez et laissez frémir à feu doux pendant 1 h 15.

**6** Ajoutez les olives et laissez cuire encore pendant 15 min. À ce moment, piquez la viande avec la pointe d'un couteau : elle doit s'enfoncer sans effort.

**7** Effeuillez le reste du persil et hachez-le avec des ciseaux.

**8** Versez le contenu de la cocotte dans un plat de service chaud, retirez le bouquet garni et la branche de persil. Arrosez avec le jus de citron, parsemez de persil haché et servez bien chaud.

## Variantes

Vous pouvez ajouter, après 1 h de cuisson, 250 g de champignons de Paris nettoyés et coupés en quatre. Vous pouvez également ajouter des olives vertes : plongez-les 5 min dans de l'eau frémissante, égouttez-les et ajoutez-les en même temps que les olives noires.

## Conseil

Pour que la viande soit moelleuse, il vaut mieux éviter que le liquide n'entre en ébullition. Vous pouvez, éventuellement, dénoyauter les olives avant de les ajouter dans la cocotte.

# Champignons sautés

pour **4 personnes** – préparation : **10 minutes** – cuisson : **10 minutes**
difficulté : ★ ★ – coût : €€

- 50 g de lardons fumés
- 500 g de pleurotes
- 2 échalotes
- 1 cuil. à soupe de crème fraîche épaisse
- 2 pincées de semoule d'ail
- 1 cuil. à soupe de persil haché surgelé
- 1 cuil. à soupe de madère (facultatif)
- 1 cuil. à soupe d'huile
- Sel, poivre

**1** Sortez le persil du congélateur et laissez-le à température ambiante. Pelez les échalotes et hachez-les. Essuyez les pleurotes avec du papier absorbant. Coupez-les en lamelles épaisses, de haut en bas.

**2** Faites chauffer l'huile dans une sauteuse. Faites-y blondir les lardons et les échalotes à feu moyen, pendant 2 min, en remuant avec une spatule en bois.

**3** Ajoutez les champignons et faites-les cuire à feu assez vif, en les remuant souvent, jusqu'à ce qu'ils soient dorés.

**4** Salez et poivrez, ajoutez l'ail. Réduisez le feu, versez le madère et la crème, mélangez et laissez cuire doucement quelques minutes, jusqu'à ce que la sauce ait épaissi, en remuant de temps à autre. Parsemez de persil et servez.

**Variante**
Si vous utilisez des champignons de Paris, coupez l'extrémité sableuse du pied, lavez-les rapidement sans les laisser tremper, coupez-les en morceaux, arrosez-les avec 1 cuillerée à soupe de jus de citron pour les empêcher de brunir et faites-les cuire jusqu'à ce que toute l'eau soit évaporée, avant d'ajouter le madère et la crème.

42 | Légumes

# Endives au jambon

pour **4 personnes** – préparation : **20 minutes** – cuisson : **40 minutes**
difficulté : ★ – coût : €€

- 4 fines tranches de jambon de Paris
- 4 belles endives
- 1/2 citron
- 10 g de beurre pour le plat
- 75 g de gruyère râpé
- 1 morceau de sucre
- Sel

**Pour la béchamel :**
- 40 g de beurre
- 40 cl de lait
- 40 g de farine
- 2 pincées de noix muscade
- Sel, poivre

**1** Retirez les deux premières feuilles des endives, lavez-les et creusez légèrement le centre de la base pour retirer la partie amère.

**2** Pressez le demi-citron. Faites bouillir une casserole d'eau, salez-la et ajoutez le jus de citron et le morceau de sucre.

**3** Plongez les endives dans l'eau bouillante, laissez reprendre l'ébullition, couvrez et laissez cuire 15 min.

**4** Retirez les endives de l'eau une à une avec une écumoire, égouttez-les soigneusement dans une grande passoire, en prenant soin de ne pas les briser, puis posez-les à plat sur un linge propre plié.

**5** Faites chauffer le four à 180 °C (th. 6). Beurrez un plat à gratin.

**6** Pour préparer la béchamel, faites fondre le beurre à feu doux, versez la farine en pluie et mélangez pendant 1 min avec une cuillère en bois. Versez le lait froid par petites quantités en remuant constamment. Portez à ébullition 10 secondes en remuant sans cesse. Retirez du feu, ajoutez la noix muscade, salez et poivrez.

**7** Retirez la couenne et le gras du jambon. Enroulez chaque endive dans une tranche de jambon. Rangez-les côte à côte dans le plat. Versez la sauce béchamel sur les endives, parsemez de gruyère râpé, mettez au four et laissez cuire pendant 20 min, jusqu'à ce que le gruyère soit fondu et doré. Servez dans le plat de cuisson.

**Conseil**

Il est important de bien égoutter les endives pour éviter qu'elles ne rendent de l'eau dans le plat et diluent la béchamel.

44 | Légumes

# Gratin de pommes de terre

pour **6 personnes** – préparation : **35 minutes** – cuisson : **45 minutes**
difficulté : ★★ – coût : €

- 1,5 kg de pommes de terre : bintje ou belle de Fontenay
- 3 jaunes d'œufs
- 50 cl de crème fraîche
- 100 g de gruyère râpé
- 30 g de beurre
- 1 gousse d'ail
- 3 tablettes de bouillon de volaille instantané
- Noix muscade
- Sel, poivre

**1** Pelez les pommes de terre, lavez-les, puis séchez-les. Coupez-les en rondelles de 2 à 3 mm d'épaisseur. Utilisez éventuellement le disque éminceur du robot.

**2** Pelez la gousse d'ail, coupez-la en deux et frottez-en l'intérieur d'un plat à gratin pouvant aller à table et suffisamment grand pour contenir les pommes de terre. Beurrez largement le plat avec le beurre.

**3** Étalez une couche de pommes de terre dans le plat, couvrez avec une couche de gruyère râpé. Continuez en alternant pommes de terre et gruyère et terminez par une dernière couche de gruyère.

**4** Faites chauffer le four à 180 °C (th. 6). Faites bouillir 50 cl d'eau, faites-y dissoudre les tablettes de bouillon. Mélangez la crème et les jaunes d'œufs, ajoutez-les au bouillon, hors du feu, en mélangeant soigneusement avec un fouet à main. Salez légèrement, poivrez, ajoutez 2 pincées de noix muscade. Versez doucement ce mélange dans le plat et faites cuire au four pendant 45 min.

**5** Dès que le gratin est bien doré, posez sur le plat une feuille d'aluminium ménager et laissez la cuisson s'achever. Servez chaud dans le plat de cuisson.

# Ratatouille

pour **4 personnes** – préparation : **30 minutes** – cuisson : **45 minutes**
difficulté : ★ ★ – coût : € €

- 500 g de tomates
- 500 g d'aubergines
- 500 g de courgettes
- 1 poivron rouge
- 1 poivron vert
- 2 gros oignons
- 3 gousses d'ail
- 1 branche de thym
- 1 feuille de laurier
- 6 cuil. à soupe d'huile d'olive
- Sel, poivre

**1** Lavez les tomates, les aubergines, les courgettes et les poivrons. Coupez les extrémités des courgettes et des aubergines. Coupez les tomates en dés, les aubergines en petits cubes et les courgettes en rondelles épaisses. Retirez le pédoncule, les graines et les filaments blancs des poivrons, coupez la pulpe en dés.

**2** Pelez les oignons et coupez-les en lamelles fines. Épluchez les gousses d'ail et passez-les au presse-ail.

**3** Faites chauffer 2 cuillerées à soupe d'huile dans une sauteuse ou une cocotte à fond épais. Faites-y revenir les oignons et les poivrons 5 min à feu moyen, sans les laisser dorer, en remuant souvent. Retirez-les avec une écumoire et posez-les sur une assiette.

**4** Remettez 2 cuillerées à soupe d'huile dans la sauteuse et faites-y dorer les aubergines pendant 5 min, en remuant souvent. Retirez-les et faites revenir les courgettes de la même façon, en rajoutant 2 cuillerées à soupe d'huile.

**5** Remettez tous les légumes dans la sauteuse avec les tomates, l'ail, le thym et le laurier. Salez et poivrez, mélangez. Couvrez à demi et laissez cuire 30 min à feu doux. S'il reste trop de liquide, retirez le couvercle, augmentez le feu et laissez cuire encore quelques minutes.

# Tomates à la provençale

pour **4 personnes** – préparation : **15 minutes** – cuisson : **10 minutes**
difficulté : ★ – coût : €

- 4 grosses tomates
- 2 gousses d'ail
- 1 cuil. à soupe de persil haché surgelé
- 1/2 cuil. à café de sucre
- 2 cuil. à soupe de chapelure
- 2 cuil. à soupe d'huile d'olive
- Sel, poivre

**1** Lavez les tomates, coupez-les en deux à mi-hauteur et retirez délicatement les pépins avec une petite cuillère en essayant de ne pas casser les tomates. Poudrez légèrement de sel la face coupée et retournez ensuite les tomates sur un plat.

**2** Pelez l'ail, puis passez-le au presse-ail et mélangez-le bien avec le persil et la chapelure.

**3** Faites chauffer le four à 200 °C (th. 7). Huilez un plat à gratin avec 1 cuillerée à café d'huile.

**4** Lorsque le four est chaud, déposez les tomates les unes à côté des autres dans le plat, face coupée vers le haut. Sucrez légèrement chaque tomate. Répartissez dessus le mélange de persil, d'ail et de chapelure. Poivrez. Arrosez chaque tomate de quelques gouttes d'huile.

**5** Faites cuire environ 10 min au milieu du four. Retirez le plat dès qu'une légère coloration brune apparaît sur les tomates ; n'attendez pas qu'elles s'affaissent. Servez avec un gigot, de la volaille rôtie ou encore un poisson grillé.

# Clafoutis aux cerises

pour **4 personnes** – préparation : **20 minutes** – cuisson : **40 minutes**
difficulté : ★ ★ – coût : 🪙 🪙

- 600 g de cerises noires
- 50 cl de lait
- 4 œufs
- 6 cuil. à soupe de sucre
- 4 cuil. à soupe de farine
- 1 pincée de sel
- 2 cuil. à soupe de sucre glace

**Pour le plat :**
- 10 g de beurre

**1** Faites chauffer le four à 180 °C (th. 6). Beurrez un plat à gratin ou un moule à manqué de 24 cm de diamètre (moule rond à bord lisse d'environ 4,5 cm de haut).

**2** Lavez les cerises et épongez-les. Retirez la queue. Rangez-les dans le plat et poudrez-les avec 2 cuillerées à soupe de sucre.

**3** Cassez les œufs dans un saladier, ajoutez le reste du sucre et remuez avec un fouet à main, jusqu'à ce que le mélange soit bien homogène.

**4** Mettez la farine et le sel dans un récipient. Arrosez peu à peu avec le lait, en remuant bien pour ne pas faire de grumeaux.

**5** Versez le lait et la farine sur les œufs à travers une passoire. Mélangez, puis reversez le tout sur les cerises. Mettez au four et laissez cuire de 35 à 40 min.

**6** Laissez tiédir hors du four. Mettez le sucre glace dans une petite passoire fine et secouez celle-ci au-dessus du plat pour le couvrir d'une fine couche blanche.

**À savoir**
Traditionnellement, les cerises ne sont jamais dénoyautées, car le noyau donne son goût particulier à l'entremets.

# Crêpes

pour **12 crêpes**– préparation : **30 minutes** – cuisson : **30 minutes** –
repos de la pâte : **1 heure**

difficulté : ★ ★ – coût : €

• 2 œufs
• 30 cl de lait
• 150 g de farine
• 1 cuil. à soupe d'huile à goût neutre (arachide ou tournesol)
• Sel

**Pour la cuisson :**
• 1 à 2 cuil. à soupe d'huile

**1** Versez tous les ingrédients dans un saladier et fouettez avec un batteur électrique. Si vous n'utilisez pas de batteur, délayez peu à peu la farine et le sel avec les œufs, puis le lait et ajoutez l'huile en dernier. La pâte doit être coulante : rajoutez un peu de lait s'il le faut. Couvrez le saladier et laissez reposer pendant 1 h au réfrigérateur.

**2** Faites chauffer une poêle bien plane à revêtement antiadhésif, sur feu vif. Imbibez d'huile un tampon de papier absorbant et passez-le sur le fond du récipient.

**3** Remuez la pâte, mettez-en 3 cuillerées à soupe dans une louche et versez-la dans la poêle très chaude. Tournez la poêle pour étaler uniformément la pâte. Faites cuire la crêpe pendant 1 min.

**4** Lorsque le tour de la crêpe est doré, secouez la poêle pour vérifier que le dessous est cuit : elle doit bouger. Faites-la glisser sur une assiette et retournez-la dans la poêle. Réduisez le feu et laissez cuire l'autre face 1 min à feu moyen.

**5** Faites glisser la crêpe sur une assiette, couvrez d'aluminium ménager et posez l'assiette sur une casserole d'eau bouillante.

**6** Passez le tampon huilé dans la poêle, faites chauffer à feu vif, reversez un peu de pâte et faites cuire ainsi successivement toutes les crêpes.

**Conseil**
Vous pouvez servir ces crêpes simplement sucrées, les napper de sauce au chocolat ou d'un coulis de fruit. Vous pouvez aussi les garnir de confiture, de compote de fruits, de crème pâtissière, de crème Chantilly, de fruits frais coupés en petits dés, etc.

# Mousse au chocolat

pour **4 personnes** – préparation et cuisson : **20 minutes** – réfrigération : **3 heures**
difficulté :  – coût : €€

- 150 g de chocolat noir
- 40 g de beurre
- 3 œufs
- 1 cuil. à soupe de sucre
- Sel

**1** Faites bouillir une casserole d'eau. Cassez le chocolat en morceaux, mettez-le dans un récipient en Pyrex et posez celle-ci au-dessus de l'eau bouillante. Laissez fondre le chocolat sans y toucher. Lorsque le chocolat est fondu, retirez le récipient et ajoutez le beurre en morceaux. Mélangez avec une cuillère en bois.

**2** Cassez 1 œuf en séparant le blanc du jaune. Mettez le blanc dans un grand bol. Ajoutez le jaune au chocolat et mélangez. Procédez de même avec les 2 autres œufs.

**3** Ajoutez 1 pincée de sel aux blancs d'œufs. Battez-les avec un fouet électrique. Lorsque la neige n'est pas tout à fait ferme, incorporez le sucre, en continuant à battre. Arrêtez lorsque les fouets laissent de belles traces dans la neige.

**4** Ajoutez au chocolat 2 cuillerées à soupe de blancs battus et mélangez bien. Incorporez ensuite le reste des blancs, en deux fois, avec une cuillère à soupe, en soulevant délicatement la préparation de haut en bas, toujours dans le même sens. Ne vous inquiétez pas s'il reste quelques petits flocons blancs.

**5** Versez la mousse au chocolat dans une coupe et laissez prendre 3 h au moins au réfrigérateur.

**Conseil**
Pour obtenir de beaux blancs en neige, utilisez un récipient parfaitement propre et sec et ajoutez une pincée de sel avant de commencer à battre.

# Salade de fruits rouges

pour **4 personnes** – préparation : **10 minutes** – Décongélation et macération : **2 heures**
difficulté :  – coût : €€

- 300 g de fraises
- 1 barquette de framboises (environ 125 g)
- 1 cuil. à soupe de jus de citron
- 200 g de griottes dénoyautées surgelées
- 2 cuil. à soupe de sucre
- 2 cuil. à soupe de sirop de mûres ou de crème de cassis

**1** Poudrez les griottes avec 1 cuillerée à soupe de sucre et arrosez-les avec le sirop de mûres ou la crème de cassis. Laissez-les ensuite décongeler et macérer 2 h à température ambiante.

**2** Lavez rapidement les fraises, posez-les sur du papier absorbant et retirez leur pédoncule. Coupez les fraises en gros morceaux dans un récipient. Arrosez-les avec le jus de citron et poudrez-les avec le reste du sucre. Couvrez avec du film alimentaire et laissez macérer au réfrigérateur.

**3** Au moment de servir, versez les griottes et leur jus dans une coupe, ajoutez les fraises et mélangez délicatement. Parsemez de framboises.

**Conseils**
Vous pouvez servir en même temps une glace à la vanille ou un sorbet au cassis.
Les framboises ne se lavent pas car elles se gorgeraient d'eau. Essuyez-les une à une avec un papier absorbant si elles ont l'air poussiéreuses.

# Tarte aux poires

pour **4 à 6 personnes** − préparation : **15 minutes** − cuisson : **45 minutes**
difficulté : ★ ★ − coût : € €

- 1 pâte brisée étalée toute prête
- 3 ou 4 poires, selon leur grosseur
- 15 cl de crème fraîche épaisse
- 1 jaune d'œuf
- 50 g d'amandes en poudre
- 3 gouttes d'essence d'amande amère (facultatif)
- 2 cuil. à soupe d'alcool de poire (facultatif)
- 100 g de sucre
- 2 cuil. à soupe de sucre roux

**Pour le moule :**
- 10 g de beurre

**1** Faites chauffer le four à 220 °C (th. 8). Beurrez un moule à tarte de 24 cm de diamètre. Garnissez-le avec la pâte.

**2** Mettez le jaune d'œuf dans un récipient. Ajoutez les amandes, le sucre, la crème et mélangez soigneusement avec une cuillère. Ajoutez l'essence d'amande. Versez sur la pâte et étalez avec le dos d'une cuillère.

**3** Pelez les poires, coupez-les en deux, retirez le cœur et les pépins en creusant le centre avec la pointe d'un couteau. Posez les demi-poires sur la tarte, en plaçant le bout pointu vers le centre, côté arrondi au-dessus. Arrosez éventuellement avec l'alcool de poire.

**4** Mettez au four et laissez cuire 40 min. Sortez la tarte du four et poudrez-la avec le sucre roux. Remettez au four et laissez encore 5-6 min, jusqu'à ce que la tarte soit bien dorée.

**5** Sortez le moule du four et posez-le sur une grille pour laisser refroidir. Servez à température ambiante.

**Astuce**

Si vous vous sentez habile, entaillez les demi-poires en lamelles, déposez-les sur la crème et aplatissez-les légèrement avec la main.

60 | Desserts

# Tiramisù

pour **4 à 6 personnes** – préparation : **30 minutes** – réfrigération : **3 heures au moins**

difficulté :  – coût :

- 3 œufs
- 250 g de mascarpone en boîte (fromage blanc italien)
- 24 biscuits à la cuiller
- 50 g de sucre
- 25 cl de café fort, refroidi
- 1 cuil. à soupe d'extrait de café
- 2-3 cuil. à soupe de cacao
- Sel

**1** Cassez les œufs en séparant les blancs des jaunes. Mettez les jaunes dans un récipient, versez les blancs dans un grand bol.

**2** Ajoutez le sucre aux jaunes d'œufs et battez avec un fouet à main jusqu'à ce que le mélange pâlisse et mousse.

**3** Ajoutez alors le mascarpone et continuez à fouetter pour obtenir un mélange homogène. Mettez au réfrigérateur pendant que vous battez les blancs.

**4** Ajoutez 1 pincée de sel aux blancs d'œufs et battez-les en neige ferme avec un batteur électrique. Incorporez délicatement ces blancs au mélange précédent, avec une cuillère à soupe, sans tourner en rond, mais en soulevant délicatement la préparation de haut en bas, toujours dans le même sens. Remettez au réfrigérateur.

**5** Versez le café et l'extrait de café dans une assiette creuse. Mélangez. Trempez rapidement la face non sucrée de 12 biscuits à la cuiller dans ce mélange, un à la fois, et rangez-les au fur et à mesure, côte à côte, dans un joli plat à gratin rectangulaire.

**6** Recouvrez les biscuits avec la moitié de la mousse. Couvrez entièrement avec 1 grosse cuillerée à soupe de cacao, en le tamisant dans une passoire fine.

**7** Trempez le reste des biscuits dans le café et déposez-les au-dessus. Recouvrez du reste de la mousse. Lissez avec une spatule et laissez au moins 3 h au frais.

**8** Au moment de servir, sortez le tiramisù du réfrigérateur et poudrez-le avec le reste du cacao, en le tamisant à nouveau dans la passoire.

**Conseils**

Vous pouvez aussi préparer le tiramisù directement dans des coupes à dessert individuelles ou dans de grands ramequins.

Utilisez une petite passoire fine pour tamiser le cacao qui s'agglomère en grumeaux compacts.

**À savoir**

Ne confondez pas cacao et poudre chocolatée : le cacao est pur, non sucré, alors que la poudre chocolatée est une préparation sucrée peu riche en cacao.

Ce titre reprend la majorité des recettes de la première édition du titre *Cuisine pour débutants*
parue en 2000, dans la collection Petits Pratiques Hachette,
chez Hachette Pratique.

Remerciements

Garlone Bardel remercie les boutiques Astier de Villatte, Le Bon Marché, CMO, The Conran Shop,
Léonor Mataillet, Louisélio, Les Touristes pour leur précieuse collaboration.

© 2004, Hachette Livre (Hachette Pratique), Paris.

Tous droits de traduction, d'adaptation et de reproduction, totale ou partielle, pour quelque usage,
par quelque moyen que ce soit, réservés pour tous pays.

Direction : Stephen Bateman
Direction éditoriale : Pierre-Jean Furet
Édition : Christine Martin
Corrections : Carole Haché
Conception intérieure : Dune Lunel
Réalisation intérieure : MCP
Couverture : Nicole Dassonville
Fabrication : Claire Leleu

Dépôt légal : août 2004
ISBN : 2-01-62-0940-2
62-62-0940-01-7

Impression : G. Canale & C.S.p.A., Turin (Italie).